김계식

담쟁이
덩굴의
꿈

ⓒ 2024, 김계식.

이 책의 저작권은 저자에게 있습니다. 서면에 의한 저자의 허락없이
내용의 일부를 인용하거나 발췌하는 것을 금합니다.

담쟁이
덩굴의
꿈

김계식 시집 34

인간과문학사

시인의 말

　김계식 시집 〈34〉라는 표시를 하다가, 문득 떠오르는 생각 하나.

　3년간 카투사(KATUSA)로 군복무를 하는 동안에 달력의 년, 월, 일 대신 사용하였던 줄리안 데이트(Julian Date)의 숫자가 떠오른 것입니다.
　2024년 1월 1일 대신에 4001로 시작하여, 2024년 12월 31일 4365에 이르기까지 천 단위 숫자로 표현하는 것과 같은 방법인데,
　때로는 4001/4365로 시작하여 4365/4001로 끝나도록 표시하여 쉽게 역산하여 남은 날짜를 세는 데 편하게 활용하였던 기억이 생생합니다.

　『담쟁이덩굴의 꿈』이 34번째인데, 이 숫자가 처음에서부터 세어온 것임은 알겠는데, 목표하는 숫자가 따로 정해져 있지 않으니, 얼마가 남았는지를 알 수 없으니, 이렇게 열심히 이어갈 뿐이라는 말씀입니다.

　근래 약 2년 동안에 시로 쓴 일기 중에서 여든 편을 골라 실었으니, 늘 저를 아끼는 마음과 좀 더 오래도록 일기 쓰기를 빌어주는 마음으로, 밝히 읽어주시면 감사하겠습니다.

2024년 봄
종남산 자락 하얀집에서
瀛州 **김계식**

차례

시인의 말 · 5

1 風
삶 갈무리

봄이 되고만 심신	· 12
유록柳綠 빛의 기원	· 14
윤슬 찬미	· 15
존엄	· 16
삶 갈무리	· 18
눈 감으면 더 훤히 보이는	· 19
배경	· 20
그 이유	· 22
들꽃 사랑	· 24
달의 독백	· 26
제비꽃	· 28
채석강 앞에 서서	· 30
모과木瓜 (2)	· 32
틈새에 빛 들이다	· 34
한 빛 갈무리	· 35
가을 소묘	· 36

情 믿는 언덕 있음에 2

인연의 무게	·40
단비 맞으며	·42
지경 넓히기	·43
참한 닮은꼴	·44
미련 잠재우기	·46
믿는 언덕 있음에	·48
속다짐	·50
새로운 출발	·51
부단한 설렘	·52
그냥	·54
별아, 그리움아	·56
사랑의 증표	·58
좋은 사람 하나	·60
징표徵表	·62
희망의 꽃씨	·63
되풀이의 향기	·64

차례

3 恨 기로에 서다

해거름	·68
자성自省의 빛	·70
불사조의 포효	·72
영별이 안긴 비통	·74
가출신고 (2)	·76
원遠과 근近	·78
둘 사이	·80
글씨 옹이	·81
기로岐路에 서다	·82
착시錯視	·84
나에게 시詩는	·86
그냥일 리야	·88
순혈주의	·90
자중자애自重自愛 (2)	·92
착각의 미덕	·94
숙성하는 그리움	·96

차례

氣 덕담 안은 날 4

즐겨 살아가는 길	· 98
셈 치며 살자 (2)	· 100
아름다운 숙성	· 102
바람에게 배우다	· 103
밝히 사는 비법	· 104
길항拮抗	· 105
덕담 안은 날	· 106
미련의 발길을 따라	· 108
출발선에 세운 각오	· 110
오직 외길	· 111
치유의 방편	· 112
기 살리기	· 114
담쟁이덩굴의 꿈	· 116
극복의 길	· 118
파종播種	· 119
순리가 안긴 안도安堵	· 120

차례

5 願 내일은 있다

새로운 기대	· 122
하여튼 그랬다	· 124
밤의 예찬	· 126
폐閉 그리고 폐廢	· 128
어림짐작	· 129
문득	· 130
홀로 가야할 길	· 132
묘수妙手 찾기	· 134
점등點燈	· 135
존재存在	· 136
껄끄러운 혼솔 다듬어	· 137
난제難題 풀이	· 138
웅비의 선봉이 되자	· 139
무언의 기도	· 142
내일은 있다	· 144
늦깎이 다짐	· 146
덧붙이는 글	· 147

제1장

風
삶 갈무리

봄이 되고만 심신

나의 계절 나의 터전이라고
한바탕 아우성치던
미선나무 산수유 매화 백목련
벌쭉하게 펼친 봄의 향연 뒤를 이어

언제 붙잡혀 왔는지 모를
철쭉 꽃나무 사이에 터 잡은 진달래
한 식구의 웃머리로 왜장치는 함성

살 수 있을까 하는 미지로
쥐똥나무 사이에 꽂아둔 개나리
보란 듯 나부끼는 노란 깃발

듬뿍 안은 정성만으로
서울에서 역귀성한 독일붓꽃
필봉筆鋒을 떠올리는 싱그러운 촉수

빛으로 향으로
온 심신 사로잡는 봄의 한복판

한 그루의 나무 한 포기의 풀로
심기고 싶어 굽어보는 발아래
뾰족하게 고개 내미는 금낭화
어사화인 양 내일을 엿보게 하고 있으니

봄이 나인 것인가
내가 봄인 것인가

유록柳綠 빛의 기원

유록柳綠 한 빛으로
싱그러운 봄을 그리고 싶은 설렘

따뜻한 햇살 한 줌
보드라운 바람결 한 자락
고이 받아 안고
저 높은 하늘에 이르기를 바라며

처음 피어나는 버들잎 푸름으로
밝음의 진원 한 방향을 향해
고개를 내밀고 있는
겉 여리되 속 깊은 저 싹 싹 싹들의 꿈

온 세상
질곡의 차꼬에 얽매인 아픔까지
말끔히 씻어내고도 한참 남는
희망이 되리니
어서 이 밝음 고이 받아 안기를…

윤슬 찬미

넉넉함을 덜어내어
모자람을 채워주는 따뜻한 마음에
비껴 치는 밝은 햇살

어찌
쉬 얻을 수 있는 고움일까마는

조금 나은 여유를 덜어
조금 모자람을 채운 뒤에 이룬
높낮이를 가를 수 없는 수평
그 위에 잔잔히 춤추는 윤슬

어찌
그 아름다움 새겨 읽지 않고
배길 수 있으랴

존엄

제 스스로 씨앗 튕기는 봉숭아
바람의 흐름에 날개 편 단풍열매
타고난 본성이거나
자연의 힘에 얹혀 퍼뜨리는 종자들

짐승의 털에 붙어 퍼져가는 것
새들의 먹이가 되어 높은 산에 오르는 것
어느 뉘 가르쳐준 지혜일까

어디 그 뿐이랴
말레이시아 이곳저곳 강기슭에서처럼
물에 실어 제 새끼나무 통째 착근시키는
인간의 지혜 한참 넘는 맹그로브

미국의 모하비 사막
제 익은 씨앗 품은 줄기 돌돌 말아
바람에 뒹굴며 종자를 퍼뜨리는
덩굴식물의 위대한 생명력

하지만

그런 그럴싸한 종족번식쯤은
한순간의 지혜 쥐어짠 방편일 뿐이라며
묵언수행으로 이들을 단숨에 제압하는
지고지순한 위력이 있었으니

3천 년이 지나도
끄떡없이 발아하는 저 연실蓮實〈연밥〉

그 앞에 낮은 자세로 엎드리어
백여덟 번씩의 백두 조아림을 이으며
위대한 존엄 앞에
조심스레 마음을 다잡고 있었다

삶 갈무리

송광사 범종소리 새겨듣던 종남산
방하착放下着의 불심이라도 익혔는지
내려놓아야 할 이파리들
아름답게 물들인다는 명분 아래
하나하나 판가름하고 있는 가을 한복판

높고 깊은 산
쩌렁쩌렁 울려댐도 아랑곳없이
아름드리나무를 쪼아대던 딱따구리
새끼들의 성장 따라 제 뉘우침도 컸는지
가슴 털 뽑아 구멍을 여미는 회오

어찌 초목草木 만이랴
어찌 금수禽獸 만이랴
제멋대로 끌어다 붙인 만물의 영장도
제 삶 가운데 추수동장秋收冬藏 할 것들
하나하나 갈래 타야 할 계절인 것을

눈 감으면 더 훤히 보이는

너를 믿는 내 마음
켜켜이 쌓여 산이 되었고

나를 향해 녹여낸 네 마음
끊임없이 이어져 강이 되었으니

산천山川
그 어울림이 어찌 거저이며
산천山川
그 어느 누가 갈라놓을 수 있을까

너 너른 바다에 이르러
일렁이는 파도로 엮은 정 펼칠 때
귀 쫑그려 듣는 태산준령인 나
더 선명한 메아리로 답하리라

너와 나
높아지면 높아진 대로
길어지면 길어진 대로
눈 감으면 더 훤히 보이는 정으로
고이 엮여 사는 우리가 되자

배경

하늘이
밝은 태양의 배경이듯이
나의 튼실한 배경은 바로 너

혼자일 때 부딪히는 하찮음일지라도
이마를 적시는 물방울은 빗물이요
뺨을 적시는 것은 눈물이라 명명하며
그럴싸한 의미부여로 너를 불러들이는

하여
너의 있고 없음은 말할 것 없거니와
네 얼굴에 쓰인 오욕칠정에 따라
보호색으로 바뀌는 나의 안색

너의 미소가
나에게 기쁨이 되듯
나의 기쁨이
너에게 고스란히 투영되기를 비는 마음

저 아스라한 여백까지도

온전한 나를 일으켜 세우기 위한
배경임을 내 어찌 모르리라고…

그 이유

내가 봄이 좋다고 하는 이유는

풀들의 싱그러운 새싹이 돋아남을
나무들이 연초록 새 잎이 피어남을
남다르게 바라보며
새로운 희망을 꿈꿀 수 있음만도 아니고

슬프도록 아름다운 봄비에 푹 젖어
낡루를 씻어낸 채
마음을 포근히 다독일 수 있음만도
아닙니다

저 높은 하늘의 보석처럼 반짝이는 별
창문 틈새로 새어드는 온기 품은 바람결
얼음 풀린 시냇물의 졸졸거리는 물소리
제 짝을 조심스레 부르는 새소리에 이르기까지

차가운 겨울철의 움츠림을 떨치고
하나하나 새롭게 바뀌어가는 설렘을
보이는 대로 들리는 대로

새롭게 윤색한 아름다운 춘신春信

고스란히 전해주는 그대가 있어서입니다

들꽃 사랑

하도 예뻐서
화분에 옮겨 심은 이름 모를 들꽃

고이 기르고 싶음 만이랴
고스란히 제 것 내고 싶음이었던 게지

볕 잘 드는 창가에 두고
때맞추어 물주는 치사랑
값진 거름 고루 주는 내리사랑
쏟은 정성 정비례로 자라주길 빌었지만

어서어서 자라라
뽑아 올린 벼 모가지처럼
바라는 마음과 반비례로 시들어버릴 줄
어찌 알았으리라고

낮으로는 햇볕 받고 바람 쏘이며
까만 밤으로는 하늘의 별을 헤며
이른 아침으론 맑은 이슬 받아먹으며
제 이웃들과 어우렁더우렁 몸 비비며

서로를 추켜세워야 하는 것을

아니었지 그러는 게 아니었지
저 있고 싶은 그 자리에 두고
아끼고 사랑하는 마음으로
내 몫만큼만 바라보아야 했던 것을…

들에 있어야 들꽃인 걸
이제야 깨달은 뒤늦음

달의 독백

달〈月〉이 이르기를

나를 주체로 삼아주시려거든
개기월식皆旣月蝕이니
부분월식部分月蝕이니
반영월식半影月蝕이니
월식(月蝕, 月食)이란 말은 삼가주시게나

어렵사이 해에서 비추어온 빛 되비추어
어둠을 밝히면서
초승 초여드레 보름 스무사흘 그믐
일고 이우는 모양새로 날짜 세어주는 것이
어디 쉬운 일이던가

더구나
시詩, 서書, 화畵의 고운 소재 되어
사랑을 꾸미고 영혼을 깊여오거늘
아예 달을 먹어버린 월식月食이라니

백주 대낮 내 작은 모양새로

햇빛 가린 앙탈
허울 좋은 이름으로 일식日蝕이라 불러준들
내 어찌 원통한 한恨이 풀릴 것인가

아끼는 여동생 무서워할까보아
밝은 날의 해〈日〉로 만들어주고
오빠인 자신은 용감함을 자처하여
어두운 밤의 달〈月〉이 된 전설
길이길이 이어주시기를 바랄 뿐이네

※ 반영월식(半影月蝕) : 지구의 반그림자에 달이 들어가는 현상.
　　　　　　　달의 모양은 그대로지만, 밝기가 10%쯤 어두워짐.

제비꽃

틈 둑에 피어나는 아지랑이
어른거리는 춤사위에 눈 맞춤하다가
눈 질끈 감았다가 뜬 발 앞에
앙증스레 피어 있는 예쁜 꽃

먹고 살기 넉넉한 서양 사람들처럼
이름도 그럴 듯이
"바이올렛 violet"이라
아름다이 부르지는 못해도

어린아이들 꽃잎의 뒤통수 마주 걸어
심심풀이 시간 보내며 붙인 이름
"씨름 꽃"이라 하는 것까지는
그래도 수긍하겠는데

어느 저주받을 작명가가 명명命名했는지
"앉은뱅이 꽃"
거기에 한 술 더 떠서
"오랑캐꽃"이라니…

엄동설한의 차가움 녹이기 위해
저 남쪽 따뜻한 봄볕 물고 날아온
제비의 정과 고마움을 새기자고
이름 붙인 "제비꽃"

소꿉놀이 하던 어린 시절
내 각시로 아끼고 사랑했던
남보라 꽃 댕기 땋은 우리 옥이
그 닮은 "제비꽃"이라 부르며 살리라

채석강 앞에 서서

많고 많은 독자들이
마음속 깊이 책장 넘겨 읽음을 따라
책갈피 깊숙이 갈무리한 지혜의 서슬도
고이 닳아 엷어졌으련만

그동안 철썩이는 파도가 실어 나른
더 크고 많은 문文/ 사史/ 철哲의 지혜
시詩/ 서書/ 화畵/ 음音의 아름다움
다시 채우고 또 채웠는지
옛날보다 더 옹골찬 모습의 채석강彩石江

낮으로 밤으로
온 심신 다 바쳐 배우고 익힌
우직스런 테트라포드(tetrapod)도
저리 파랗게 익힌 숙성을 내보이는데

헛세월 좇아 헤매느라
뼈마디 어긋거리는 이 몰골
큰 가르침대로 살아오지 못한 잘못
크게 자복하고 네 앞에 다시 섰으니

여생
꼭 붙잡고 살아갈 지혜 한 꼭지
고이 안겨주소서

모과木瓜 (2)

퀴퀴한 냄새 그득한 방
버짐 핀 낯빛으로 발 들이밀었더니
단숨에 전신을 감싸는 향기

볼품없는지라
이 빠진 대바구니에 담아
방 귀퉁이 어딘가에 밀쳐둔 모과木瓜
버리지 않은 감사를 내뵈는 보응

뒤늦게나마
'과일 전 망신시키는 모과木瓜'
라는 일컬음을
거두어들인 뒷자리

늘 이마에 매달고 다니던
'겉볼안'이란 단어마저 파쇄破碎하고
그 짙은 향 널리 왜장칠
선봉장이 되겠다는 굳센 각오로

들이쉬는 깊은 숨 가득

짙게 숙성한 모과木瓜 향기를
온 심신 가득 갈무리하고 있었다

틈새에 빛 들이다

밝은 낯빛으로 포장한
조심스런 오늘을 끌어안고
한 방향으로 머리 두른 동질성

팔목의 올무 발목의 차코
풀어내 버리면
조여 오는 세월의 억압도
훌훌 떨쳐낼 수 있으리라는 믿음으로

온갖 시름 물리치고
한바탕 너털웃음 펼치는 마당

기쁨 충천衝天한 오늘만이라도
밝은 빛의 아쉬운 채색을 넘어
뭉텅 범벅 칠 수 있도록
허여許與하기를 간절히 소망하고 있습니다

한 빛 갈무리
– '그리움 담' 모임 가진 날

내장산內藏山 늦은 단풍
이제야 무르녹는다는 말
마음에 새겨 안고
굽이굽이 보물 감춘 산골짝 찾아드니

이 어찌
가던 길 우뚝 멈춘 뒤늦은 발걸음이랴
오목오목 새긴 정
은근한 뭉근 불로 뜨겁게 속 태우는
정 품은 기다림인 것을

돋을새김(돋새김, 섭새김, 양각)만이 능사이랴
오목새김(음각)만이 능사이랴
기다림과 달려감 달려감과 기다림
한 데 어울린 반가운 평형이면 족한 게지

늦은 단풍의 고운 빛
그리운 이들 나누는 정담 빛
뉘 볼세라 속 깊이 내장內藏되는
기쁨이 차고도 넘치는 날의 정경情景

가을 소묘

고운 추억 짙게 머금고 서있는
정겨운 코스모스
하늘거리는 춤사위로
알찬 숙성의 계절을 속삭이고

산골짜기 층층 다랑이 논에서
너른 들녘에 이르기까지
어느 한 곳 거르는 곳 없이
노랗게 색칠해나가는 가을 복판

쇼윈도의 마네킹저럼
화사하게 차려입은 옷차림에
뚜렷한 눈망울 뒤룩뒤룩 굴리며
파수병을 자처하던 허수네 아버지

오늘따라
이마를 스쳐가는 시원한 바람결에
가다듬은 눈빛으로 진맥해보니

비뚜름히 눌러 쓴 밀짚모자

간 곳이 없고
빛바랜 옷차림도 한없이 남루하려니와
외다리 드러날 비통을 감출 길 없는지
시름시름 앓는 체온이 도를 넘었다

고스란히 투영된 자신만 같아
어둠 발 내리는 해거름
살며시 뽑아들고 뒷걸음칠 때
제가 무슨 구원병이라도 되는 듯
까칠한 내 볼을 맞비비는 것이었다

제2장

情

믿는 언덕
있음에

인연의 무게

이렇게
마음 가깝게 사는 걸 보면

한 그루의 뿌리 깊은 나무
나는 푸른 이파리이었을 것이고
너는 아름다운 꽃이었을 것이라고
모남 없는 둥긂으로 말하지만

아니라고
절대 그렇지 않았을 것이라고
뾰족하게 모은 입술로
나는 이렇게 말하고 싶답니다

너는 암술
나는 수술
튼튼한 열매를 꿈꾸고 있는
한 송이의 아름다운 꽃

푸른 숲에 사뿐히 날아들며
고운 노래 부르는 예쁜 새들

까만 밤하늘을 점점이 수놓으며
무한한 깊이로 반짝이는 별들

부러움을 넘어
저 맑은 소리 저 밝은 빛
들리지 않고 보이지 않느냐고…

단비 맞으며

바라는 것은
언제나
저 높은 곳에 있는 줄 알고
하늘 우러르는 자세로 살아왔지

가뭄으로 금 간 대지
촉촉이 적시는 빗방울
후드득후드득 떨어지는 날에야
고개 숙인 채 새롭게 새겨보는 세상

움트는 싹들은
발 디딘 낮은 땅에 뿌리를 내리고
위를 향하고 있다는 사실을
꼼꼼히 읽고 있었지

삐걱거리는 뼈마디에
기름칠이라도 하는 양 단비를 맞으며
밝은 희망을 주워섬기는 독백
토실토실 살 오르고 있는 시간

지경 넓히기

한 그루
아낌없이 주는 나무

싹/ 잎/ 꽃/ 줄기/ 열매
온 심신 지탱하는 뿌리는 물론
거친 비바람 눈보라를 막아주며
땡볕을 가려주는 그늘의 역할까지
알게 모르게 챙겨주고 싶은 마음에

속 깊이 우려낸 빛과 향기로
뿌듯한 기쁨을 안기고도
유위부족猶爲不足하여
저 밑동 그루터기까지 다 주어도
조금도 아깝지 않은 마음

나 그리고 반려자
한 그루 아낌없이 주는 한 그루나무로
아들과 딸 그리고 손주에 이르기까지
우리 생명의 지경을 넓힌
벅찬 기쁨을 만끽하고 있답니다

참한 닮은꼴

손가락 건 맹약은커녕
마주치는 눈빛으로도
그러기로 약속한 적 없건만

서로를 부단히 추켜세우다가
강곽剛愎한 마음까지 녹아내려
함께 그리고자 하는 희망의 그릇에
고스란히 담기고 만 삶의 행보

꿈꾸는 희망을 이루기 위한
느낌/ 생각/ 마음가짐/ 행동
자신들도 모르는 사이
거울을 마주보듯 하나 되어버린 닮은꼴

나의 일거수일투족
내가 이렇게 행한다면
그는 어떻게 받아들일까를 생각는
하나하나 조심스런 마음의 터다짐

너와 나

하나 된 마음으로 살아가는 인생
참 보기 좋은 닮은꼴을 넘어
이제 온전한 하나 되는 그 순간을 향해
힘찬 줄달음을 이어갑시다

미련 잠재우기

꽃샘추위를 떨치고
잎보다 먼저 피워낸 꽃으로
선두자리를 겨룸하는 온갖 봄꽃들

모두를 마음 밭에 옮겨 심고
고스란히 제 것 삼고 싶은 마음이야
오죽할까마는

색깔로 모양으로 향기로
제 장점을 으스대고 있는 꽃 중에서
마음에 드는 것 하나만 고르라는
몹시 곤혹스러운 주문에

골똘한 견줌의 과정을 거친 뒤
눈 질끈 감고
내 것으로 낙점한 아름다운 꽃
한눈 판 적 없이 추켜세워야 하는 명제

어찌 꽃에 한한 이야기 만이랴
인생살이에서 맺고 살아야하는

얽히고설킨 크고 작은 인연들이
다 그런 것이라서

오욕칠정의 굽이굽이마다
제 선택에 수긍의 깃발을 꽂으며
마음먹기에 달린 것이라는 주문으로
하루하루를 밝은 낯빛으로 사는 게지

믿는 언덕 있음에

이렇게
새 움 트고 아름다운 꽃이 피는
따뜻한 계절이 되면
희망이 넘치는 봄이 좋다고 하고

이렇게
온갖 풀과 나무 무성히 자라고
시원한 바다가 그리운 계절이 되면
후끈 성장하는 여름이 좋다고 하고

이렇게
오곡백과 토실토실 열매 굳히고
꿈조차 무르익는 계절이 되면
안과 밖 꽉 채운 가을이 좋다고 하고

이렇게
모든 것 조용조용 제자리에 놓고
하얀 눈 넉넉히 즐기는 계절이 되면
여유로운 마음 되는 겨울이 좋다고 하고

이 어찌 종잡을 수 없는
변덕 때문이오리까

계절이 바뀌면 바뀌는 대로
바라는 꿈 하나하나 이루어나가는
2세 3세들의 밝히 짚어가는 걸음걸음
덩달아 졸졸 뒤 따르는 기쁨
달로 해로 짙어진다는 믿음 때문이지

속다짐

그러잡으려는 손길
사방팔방 안간힘을 다 써보아도
벌써 제 것으로 자리 잡은 손금만 잡히는
텅 빈 손아귀

더 무엇을 바라는 몸부림인가

벌써
이런 시련을 거친 근본을 깨달아
주는 기쁨을 승화할 수 있는 이
그 하나 꼭 붙잡으면 족한 것을

오늘에야
새로운 발견이라도 한 양
오는 이 가는 이 붙잡고
밝은 낯빛이 된 원인을 밝히고 있으니

그대여
모르쇠 눈 꼭 감은 채
고개만 끄덕여주소서

새로운 출발
– 재활 치료하는 아내를 응원하며

작디작은 풀씨
두꺼운 껍질을 째는 탈각은
세 삶에 첫발을 들이는 출발입니다

잠 깬 번데기
집을 뚫고 나오는 몸부림은
나비가 되려는 꿈의 발현입니다

갓 태어난 아이
우렁찬 고고지성呱呱之聲은
인생의 출발을 알리는 신호입니다

시작은
하찮게 보이는 미미함이로되
제 지닌 모두를 고스란히 바치는
벅찬 희망입니다

부단한 설렘

보드라운 한 마디의 말에도
쿵쿵 설렘이 일고
바라보는 아름다운 꽃 한 송이에도
밝히 오버랩(overlap)되는 얼굴

어디까지가
고이 쌓은 추억 때문인 것이고
어디서부터가
내일을 향한 그리운 정 때문일까

행여 입방아에 오르는 부끄러움 될까
발설도 못한 채 속 쟁이고 있지만
너와 나로 이룬 우리 사이에
어찌 그냥 묻어둘 수 있으랴

한빛 짙푸른 빛일지라도
상대는 언제나 저 위쪽 하늘인 듯
나는 언제나 저 아래쪽 바다인 듯
서로를 아끼고 사랑하는 마음

혹여 틈새 생길까
한 치의 오차도 없이 돌아가는
믿음과 사랑의 톱니바퀴
멈추는 날 같은 건 까맣게 밀쳐둔 채
쿵쿵 가슴 뛰는 설렘으로 엮어가는 삶

그냥

"어떻게 왔어?"
"그냥 왔어."

"어찌 전화했어?"
"그냥 걸었어."

〈그냥〉
원인이 있기는 한데
그 원인이 아주 불분명할 때
쓰는 말이라고?

목적도 뚜렷하지 않고
까닭도 정확하지 않으니
겉 드러남이야 그렇겠지

허물없고 꾸밈없고
힘들이지 않고 쉽게 툭 던지는 한마디
따스한 온기와
정이 뚝뚝 듣는 말 〈그냥〉

너와 나로 맺은 우리
가끔씩 아니 자주
〈그냥〉을 입에 달고 살았으면
참 좋겠다

별아, 그리움아

이제는 네 모습
짙은 어둠의 베일을 벗고
서서히 밝아오는 페이드인(fade-in)으로
묻어둔 본모습 환히 보여 주렴

붙박이별로
모든 이들의 나아갈 방향
하나하나를
밝히 짚어주지는 못했을지라도

그리움에 지친 영혼들의
암울한 앞
절망을 꿰뚫는 별똥별의 역할은
다했을지니

어둠 너머 미지의 세계에서
그리운 정의 상징으로
알뜰살뜰 키워낸 아름다운 꽃
짙은 향기를 뿜어내도 되지 않으랴

나도 이제
숨겨온 속사정 환히 밝힌 채
너의 길라잡이인 양 한 발 앞서
힘찬 너울춤을 추고 싶단다

나의 아끼고 사랑하는 별아
그리움아

사랑의 증표

그리움 엮고 싶은 만남이
어찌
눈에 밝히 보이는 실체이어야만 하랴

따뜻한 봄철
푸른 틈 둑에 너울춤을 추는
붙잡힐 듯 붙잡히지 않는
아지랑이이어도 좋고

무덥던 여름철
봄철 내내 포근함을 안기던 봄비
정으로 사랑으로 속 키운
소나기 삼형제여도 좋고

열매 짙게 익어가는 가을철
속 깊이 스며들어간 사연
마디마디 곱게 엮은 구절초
짙은 향기이면 그 아니 좋으랴

한 해의 삶 갈무리하는 겨울철

못내 아쉬웠던 그리움
고이 어르고 다독이던 기쁨
한빛 백설로 만발하면 그 또한 좋은 것

너와 나 나와 너
구구절절 속 키운 사랑의 여정
굵은 한 획을 보태려는데
서로 윗자리를 양보하겠다니

이보다 더한 사랑의 증표
그 어디에 있으랴

좋은 사람 하나

좋은 사람 하나쯤
마음에 담아두고 살아가자

만나서 기쁨을 나누면 좋겠지만
멀리 있다고 하여도
같은 감정 같은 생각으로
흐르는 시간을 공유하며 살아간다면
그 아니 좋으랴

좋은 사람을
마음에 담고 사는 이
아픔은 나뉘고 기쁨은 증폭하는
남다른 행복을 안게 되리니

그는 나를 위해
나는 그를 위해
아낌없는 사랑으로 응원하는 마음
깊이면 깊일수록 용출하는 힘

자주 목소리 듣고 싶다고

자주 만나고 싶다고 응석을 부려보지만
만난 뒤에 헤어지는 아픔을 벗는
아무도 모를 옹골찬 행복
겪어보지 않은 이 어찌 알랴

우리 가슴 복판에
좋은 사람 하나쯤 담아두고 살자
그러다가
'쯤'을 떼어내는 기쁨에 젖는 날

인생이라는 넓은 정원 속에
피어나는 아름다운 꽃을
통째 만끽하게 될지니…

징표徵表

너와 나
하나하나 주고받은 그리운 정
티끌 모아 태산이라 이르듯
산이 되었고

너와 나
아낌없이 주고받은 굳센 믿음
낮은 곳을 향해 흐르는 물길이듯
강이 되었으니

산이 서서 멈추어 있다고
어찌 떠나보낸 강을 모를 것이며
강이 아래로 흘러내렸다고
어찌 그 자리 남아있는 산을 모를까

같은 뿌리에서 태어나고 자란
산과 강
우리의 아끼고 사랑하는 마음의
영원무궁한 징표인 것을…

희망의 꽃씨

늦가을
맺은 열매 품에 안고
손길 멈춘 채
물끄러미 바라보는 저녁노을

추억 속을 맴돌이하는 자신을
살며시 손잡아 일으키고
손금 흐린 차가운 손바닥 위에
작은 꽃씨 하나를 고이 올려놓으며

'이건 철을 모르는 씨앗
저와 함께 가꿔 볼래요?'
마주치는 두 눈빛의 온기 따라
작은 씨앗의 움트는 빛을 끌어내니

나 이제
그림자 없는 밝은 희망을 안고
여생의 고삐 손잡이 쥔 당신을 따라
평온의 마음 밭을 넓혀 나가겠습니다

되풀이의 향기

내일 아침
잘 잤냐고 묻지도 않을 거면서
내 꿈꾸며 잘 자라고
밤마다 그 시간만 되면
되풀이하는 굿 나이트(Goodnight) 인사

하여도, 그로 하여
심난해 한 채 줄달음했던 행보
아름답게 아퀴 지을 수 있었음을
어찌 잊을 수 있으랴

경쟁에서 뒤처지기만 하는 낙오자
누명으로 쫓기기만 하는 피의자
브레이크와 액셀러레이터를 구분 못하는 사고자로
밤새 시달려야 할 난관을
거뜬히 물리치는 비법으로

이 밤에도
곁에 없어도 가까이 함께 하고 있다는
결 고운 착각으로

고이 잠들 수 있는 되풀이의 향기인 것을…

우리 또
남의 이목쯤 아랑곳없이
또 새롭고 튼튼한
만리장성을 축성하는 꿈길에 듭시다

제3장

恨

기로에
서다

해거름

오고가는 허울 좋은 낯빛
그와 정비례로 짙어지는 길항拮抗에
오싹오싹 진저리치다가

그저 주어진 여건에 적응하며
살아가는 자신만으로도 헌신이 되는
한 포기의 풀 한 그루의 나무 앞에
쪼그리고 앉아

보응 사려둔 순수로
아끼고 사랑하는 마음 조용히 있으니
제 자신을 통째 빚어낸
꽃으로 열매로의 뜨거운 응답

혹여
왔던 곳으로 되돌아가고자 하는
저 깊숙이 속 감춘 제 마음
읽힌 것 아닌지 몰라

부정인지 긍정인지 갈래 탈 수 없는

짙은 손사래만 빠르게 내젓고 있는
노을빛 고운 인생 해거름

※ 길항拮抗 : 서로 버티어 대항함.

자성自省의 빛

묵은 밭을 뒤적이다가
여기저기 제대로 거두어들이지 않은
튼실한 알뿌리를 발견했지

어쩌자고 이 귀한 것을
이렇게 방치할 수 있다는 말인가
과욕으로 줄달음한 주인을 뒤쫓아가보니
한자리 오도카니 쪼그리고 앉은 자신

시침時針은 못 될지라도
분침分針의 균형이라도 본 배워
제 삶의 속도를 가늠하며 살 일이지
초침秒針으로의 촐싹댐이라니

온고지신溫故知新이 이르는
알토란같은 일깨움으로
과거와 미래 사이에 넉넉히 자리한 현재
한 알 한 알 꿰는 구슬 꾸러미이듯

받은 빛 한 촉 한 촉 그러모은 빛

발광체에 뒤지지 않는 광원光源으로
어둠을 밝히는 빛이 되고도
이렇게 넉넉히 남아도는 것을
어찌 까맣게 모르고 지냈다는 말인가

불사조의 포효
― 아내, 코로나 2차 양성 판정받은 날

맷돌의
위짝과 아래짝
언제부터
내통한 짝짜꿍이었는지

한순간에
들들 갈아버렸다

돌쩌귀 옆
작게 파인 네 흠집 안에
응축한 새 생명의 씨앗 한 톨
몰래 감춘 줄 꿈엔들 알았으리라고

새로운 '우리'로 태어날 꿈
불사조의 고른 들숨과 날숨으로
옹골차게 품어 안아 키우고 있으니

쩌렁쩌렁 울리는 고고성呱呱聲
하늘과 땅 사이를 가득 채울

그 순간을
힘차게 카운트다운 할 준비를 하자

영별이 안긴 비통
- 금구원조각공원 김오성 조각가 바다낚시 하다가 사고사한 날

인생 허무

우주 속의 자신의 별
일찍이 찾아내야 할 천명을 받아
광년을 넘나드는 천체망원경을 들여앉혀
아무도 헤아리지 못한 미지를 읽는다싶더니

온 세상에 이미 존재하는 아름다움을
속 갈무리하려는 뭇사람들과 달리
깊은 바윗돌 속에 파묻혀 있는
미의 극치를 끝내 불러내고야 마는
도저히 알 수 없는 불가사의의 산 증인

거칠고 차가운 무생물에
살아 숨 쉬는 새 생명을 불어넣는
조물주의 지혜를 고스란히 몸 배운
영원한 불사신일 줄로만 믿고 있었는데

〈… 일 적〉인 당신이
대우주 어느 별나라에 더 급한 일 있어

이렇게 훌훌 떠나가 버리면
〈오성〉만 우러러 사는 우리는
어쩌란 말인가요

당신을 만나 정 쌓기를 바라는
마음 설레는 꿈〈일 적〉
그때로 되돌아가야만 하는 알량한 우리는
어떻게 살아가야 할까요

허무한 인생이여!

※ 〈…일 적〉 : 김오성 조각가의 호

가출신고 (2)

짐짓
돌아오는 길을 잊은 것인가요

그래서는 안 된다고
말리던 바람마저 힘을 잃은 뒤끝
털썩 주저앉은 온 심신 묻어버릴 듯
하얀 눈만 쌓여 가는데

그리움 따라나선 내 마음은
지금 어디에서
무엇을 하고 있는 것일까요

떠난 지도 이슥한데
돌아올 때도 되었는데
텅 비어버린 내 안에 쌓이고 또 쌓이는
하얀 흐느낌들을 어찌 하라고

혹여
방황을 멈추지 못한 내 마음
눈에 띄거나 불쑥 만나거든

스물네 시간 눈 밝히 뜨고 귀문 열고 있는
112나 119로 신고해주세요

꼭 그래 주시리라 믿습니다

원遠과 근近

어디까지가 가까운 것이며
어디서부터가 먼 것인가

초(秒)/ 분(分)/ 시(時)의 시계바늘
제 본연의 흐름으로 시간을 짚을 때에야
어느 누구도
그 속도를 시비하지 않듯

주어진 일상 속에서
고르게 살아갈 때에야
원과 근, 근과 원을 느끼며 산 이가
따로 있었으리라고

나락奈落의 문이
순전히 타의인 듯 열렸다 닫혔다 할 때
무슨 호기심이 발동했는지
그 앞에 발 멈추고 서서
생사의 원과 근을 계산 해보는 찰나

따뜻한 마음 쏟는 울부짖음에

눈두덩 얻어맞은 번갯불로
등골 흥건한 자신을 재발견하였으니
이는 먼 것인가 가까운 것인가

둘 사이

두 글자 사이
얼마만큼 붙이면 〈붙여 쓰기〉인 것이고
얼마만큼 띄면 〈띄어쓰기〉인 것인가

태초에
아담과 하와 사이
가까운 사이였을까 먼 사이였을까

단 둘만의 사이는
언제나
가장 멀고도 가장 가까운
그런 사이인 것을

…… 〈붙여 쓰기〉는 띄어서 쓰고
　　〈띄어쓰기〉는 붙여서 쓸 때부터
그 아리송함에 어리둥절하기는 했지만

글씨 옹이

밀물이 적셔 오는 모래톱과
썰물이 놓고 간 모래톱
그 폭이 같은지 다른지
헤어보지 않는 무의미보다

외쪽 조개껍데기에
똑 같은 크기 똑 같은 모양의
짝이 있었다는 건
더 크게 놓치고 살아왔다

당신도 그런 경험이 있었느냐고
물어보고 싶은데
나보다 더 많은 경험을 가진 분을
쉬 만날 수 없음에

나는 오늘도
내 삶의 경험을 촘촘히 적으며
한가운데 손가락에 도도록이 생긴
〈글씨 옹이〉를 바라보고 있다

기로岐路에 서다

흐르는 물줄기 한복판
부유浮遊하는
한 잎 낙엽 위에 올라앉은
벌레만도 못한 미물인지도 몰라

지구의 표면에 빌붙은 자신이
지금 옳게 서 있는지
거꾸로 서 있는지조차 알지 못한 채
주인공이라 으스댔던 가관可觀

순전히 타의에 의해
세차게 흐르는 물줄기에 띄워진
한 포기의 맹그로브가 되어
정신 줄을 잡을지 말지 막다름에 이른
짧고도 긴 단말마斷末魔의 시간

앙심 품은 고양이
뒤엎어 헝클어버린 모시바구니
시작도 끝도 찾을 수 없듯

긴 회한의 허탈만을 부여잡고 있는

이 꼴불견의 무력을 어찌 할거나

착시錯視

세월은
시곗바늘의 규칙적인 흐름을 따라
한 치의 오차도 없이 흘러가는데

저 먼 날의 시작품들을 끌어안고
이 시어詩語 이 시행詩行 이 연聯
고려청자高麗靑瓷인 양 조선백자朝鮮白瓷인 양
추억 속에 발 멈춘 후줄근한 나의 삶

늘 내 편인 사람
발 멈추고 뒤돌아보는 따뜻한 눈길에
새로운 용기를 얻고
잰 걸음으로 뒤따르는 겉차림과

눈 설고 귀 설고 혀 놀리기 힘든
첨단의 새 것만이 능사이랴
온고지신溫故知新이란 어휘를 내세워
앞과 뒤 위와 아래 왼쪽과 오른쪽을
자꾸만 되돌리고 있는 속셈과의 겨룸

자신의 주장이 역부족임을 왜 모르랴만
자꾸만 착시錯視이기를 바라는 마음
쉬 버릴 수 없으니
이를 어찌 감당해야 할는지…

나에게 시詩는

어찌
시詩에 한한 일일까만

나에게 시의 의미는
연역演繹이요 귀납歸納이며
확산擴散이요 응축凝縮이요
제 삶의 알파요 오메가였지

시가
기쁘게 들어서면 덩달아 기쁨으로
슬픔에 잠기면 덩달아 슬픔으로
남김없이 익몰하기만 하면
언제나 제 존재의미를 안게 되는 것

문득
하데스 언덕 정상에 바윗돌을 밀어 올리지 못해
시련과 겨룸하는 시지프스처럼
시에 목매달려 끌려가는 이를 보면

외길로 걸어온 뒤안길은 그만두고라도

새날로 살아갈 미지未知가
창세 전 한바탕 홍몽鴻濛의 상태로
회오리치고 있으니

시詩
정말 이러지도 저러지도 못하는
불가근불가원不可近不可遠해야 할
존재란 말인가

참 알고도 모를 일이다

그냥일 리야

비나 눈 내리는지 짚어볼 때
하늘 우러른 모양새로 손바닥 펴듯
귀한 바람〈願〉 받고 싶을 때
위를 향한 모양새로 양손을 모으지

어느 누가 가르쳐주었는지
누구에게서 배웠는지
벌써 심신 깊숙이 터 잡고 있는
몸 밴 관성慣性

어찌 그냥일 리 있으랴

자신을 낮추고 상대를 높이기에
아래에서 위에 있는 사람 부르듯
손등 보이는 모양으로 손 까부는
동양인들의 겸손한 마음자세와

자신을 높이고 상대를 낮추기에
위에서 아래에 있는 사람 부르듯
손바닥 보이는 모양으로 손 까부는

서양인들의 무례한 자세 떠올라

지금 짓고 있는
무의식적 자세와 표정의 의미를
조심스레 분석하고 있는
제법 그럴싸한 제 나름의 일가견

순혈주의

X축과 Y축이 만나서 이룬 상한象限 중
X축의 위쪽 Y축의 오른쪽인
제 1 상한
플러스 더하기 플러스로 굳힌 밝음

긍정과 부정이 한 데 섞일 때
부정 쪽보다 긍정 쪽이
정말 윗자리인가를 이리저리 가늠하는
저울질이거나

부정의 부정이면 긍정이 된다는
아슬아슬한 줄타기쯤은
저만큼 밀쳐둔 지 오래인
마음 자세

오로지
긍정과 긍정이 만나서 이룬
그늘 없는 고스란한 순수혈통만을
추켜세우며 살아온 너와 나인지라

바스러진 몸뚱이쯤
흡족한 마음을 얻은 결과로
밝고 맑게 씻어내는 산술이 된다는
부단한 상승작용을 만끽하는 우리

순혈주의의 상징으로 굳혀진들
무슨 불만 있으랴

자중자애 自重自愛 (2)

'건강, 돈, 일, 친구, 꿈'※
죽을 때까지
기품 있게 살아가기 위해 갖추어야 할
다섯 가지 항목

허세 부리는 일 없이
궁상떠는 일 없이
'강약, 과소, 보람, 우정, 소원'을 잴 수 있는
엄정한 저울 위에 올려놓았을 때

부러움 입에 단
다른 이들의 과찬도 그렇거니와
이만하면 만족하다는 자평이니
이 얼마나 기쁘고 즐거운 일인가

더더구나
일거수일투족 어느 하나 빠짐없이
이래도 되겠는지 물을 수 있는
전지전능하신 이 떠받들고 사는 이 인생

혹여
어느 뉘 시샘할까
다소곳이 마음의 옷섶을 여밉니다

※ 괴테가 말한, 노년을 기품 있게 살아갈 5가지 조건.

착각의 미덕

한 생을 살다가 떠나버린
나이테 뚜렷한 나무 등걸 캐낸 자리
조심스레 고이 심은
단감나무 한 그루

늦가을에는 행여 얼부풀세라
보드라운 짚으로 고이 감싸고
따뜻한 봄볕 무르녹을 때는
조심스레 보료를 걷어내면서도

언제 네가 자라서
감꽃을 피우고 다디단 열매를 굳힐 것인지
그 미지의 햇수와 내 여생의 나이를
한 번도 헤아려 본 적이 없었지

하기야
우리네 삶이 어찌 거기에 한하랴

참됨을 송두리째 따라 하고 싶고
착함을 고스란히 품어 안고 싶고

아름다움을 통째 내 것 내고 싶음에
눈 번득이며 줄달음치는 삶인 것을

달 가고 해 가는 순리쯤
자신만은 비켜 가리라는 망각에 젖어
어느 충언에도 귀 기울이지 않는
착각이 안긴 이 알찬 미덕

숙성하는 그리움

불쑥 나타났다가 사라지는 것이
어찌 얼굴 없는 바람 만이랴
그 윗자리에 보고픔으로 애달게 하는
그대가 있는 것을

이제는 그 그리움
햇빛에 고개 떨군 하얀 박꽃처럼
뉘 들을 수도 없는 독백을 안고
이울 때도 되었건만

또 이렇게
시시귀나 띠니긴 새소리의 여운처럼
마음 졸이면 되살아날 것만 같음에
하얀 밤을 숙명처럼 지새우는 나날

함지咸池에 지는 해
부상扶桑에 다시 떠오르는 해이듯
부단한 순환을 꿈꾸며
부둥켜안은 그리움을 익히고 있으니…

어느 뉘를 탓하랴

제4장

氣
덕담
안은 날

즐겨 살아가는 길

아름다운 형형색색의 꽃
향기야 어찌 되었건
눈만 밝히 뜨면 겨울 한복판에서도
반가이 만날 수 있고

만남의 폭
그 질이야 어찌 되었건
시간을 넘고 공간을 넘어
무한이 길어지고 넓어진 세상

향기 찾을 수 없는 아쉬움
정 안을 수 없는 차가운 교분
그 드리운 그늘을
탓하여 무엇 하겠습니까

그저 덤으로 얻은 기쁨을
맑은 시로 밝은 시로 푸른 시로
꽃의 향기인 듯 사귐의 정다움인 듯
마음껏 풀어내면 족한 것이라서

시어/ 행/ 연/ 수/
그리고 시집에 고스란히 그러담아
고삐 매어 붙잡을 수 없다는 듯
온 세상에 흩뿌리고 있는 이 행보

바로
엄동설한을 넘기고 새 봄을 앉히는
제 삶의 즐거운 방편인 것을…

셈 치며 살자 (2)

뒤척이는 잠자리의 보챔을 넘어
뜬눈으로 밤을 지새우는 갈급으로
이번만은
꼭 이루어지기를 바라는 기대

더는 버틸 수 없는 막다름이
깔딱 숨으로 다가오는 순간
정수리를 되게 얻어맞은 죽비로
제정신을 가다듬은 깨우침처럼

이룬 결과만이 어찌 능사이랴
그 바람 하나를 위해
온 정성 쏟아 부은 정연한 질서로
모든 희망을 한 꿰미에 꿸 수 있었으니

바라는 결과를 뒤로한 이 과정이
훨씬 더 값진 것이라는 새로운 정립
생의 난제를 풀어낸 산술이 되고 남을지니
이보다 더 너볏한* 방편 어디 있으랴

정말 잘 했다는 셈 치며 살자

※ 너볏하다 : 몸가짐이나 행동이 번듯하고 의젓하다.

아름다운 숙성

생각과 생각이 만나고
마음과 마음이 부딪치는 때와 장소
얽매이지 않는 너와 나

그리움에 콧날 시큰하거나
한마음이고 싶어 뜨거운 불길 일면
가식의 허울 훌훌 벗어던지고
설렘을 고스란히 공유하는 행복

낮의 해가 보아도
밤의 별이 들어도
스치는 바람처럼 제 갈 길을 가고
풀잎에 맺힌 이슬처럼 묵묵부답이듯

우리의 기쁨/ 사랑/ 행복
부러움이 될지언정
어느 누가 유죄라 증언할 수 있으랴

날줄과 씨줄로 엮인 채
날로 달로 곱게 숙성해가는
너와 나의 인생행보

바람에게 배우다

이렇게
자신을 사랑하고 천착穿鑿한 사람이
그 어디에 있을까

열 손가락 모두다
'방아쇠수지'※에 멱살 잡힌 양
꽁꽁 오그려 쥔 아집으로
온 심신 짓바수다가

순전히 자승자박 아닐까
더 내려갈 수 없는 자리에
욕망 모두를 내려놓고
자신을 객체로 바라보는 순간

손가락 마디마디 스르르 풀린
활짝 편 손바닥으로
어느 뉘와도 겨룸 없이 가질 수 있는
참한 보람을 안을 수 있었지

※ 방아쇠수지 : Trigger finger
    손가락을 굽히는 데 사용되는 굴곡건 조직에 염증이 생긴 질환.
    손가락 모양이 방아쇠 당기는 모양이 되어 펴기 힘든 증상.

밝히 사는 비법

가시 덕분에
그 고움 지켜나가는 장미이듯

'… 때문에'를 내세웠던 자리에
'… 덕분에'를 들여앉히시게

세상만사
밝은 삶으로 바뀌고도 남을지니

길항拮抗

겉으로는
어려운 것을 쉽게 가르치는
선생님이 되겠다는 마음다짐

속으로는
쉬운 것을 어렵게 가르치는
선생님으로 터 잡으려는 권위의식

한평생을
배우는 자와 가르치는 자
두 자리를 다 겪으며 살았으면

어느 쪽을 택해야 할지
잘 알고 있으련만
지금 이 순간에도
둘 사이의 질긴 길항에 시달리고 있으니…

덕담 안은 날

크게 인심 쓰며 안겨 준
'건강하시니 100살까지 살겠네요.'
철옹성처럼 굳힌 임계점의 수치

감지덕지하며 살아온 믿음에
실금이 가기 시작하더니
틈새 틈새를 비집고 얼비친
쉬 뺄셈되는 남은 나이의 숫자

너 나 없이 그러는 것이라고
긍정적인 자성예언을 굳히며
오늘도 태연한 척 낯빛 풀어보지만
얼 골병은 더더욱 깊어만 갔지

'아니에요.
이제는 120세 시대에요.'
단숨에 스무 해를 늘려 안겨준 덕담
'에이, 그럴 리가' 손사래 쳤지만

'솔로몬의 다 지나가리라.'란

해법을 떠올리고도 남을 만한
방편일지니

터 잡은 근심걱정의 뿌리를
통째 뽑아낸 뒤 끝에 들어서는
어느 곳 하나 흠결 찾아낼 수 없는
옹골찬 희열이었다

미련의 발길을 따라

장지 끝에 볼록한 옹이 돋우며
서슬 닳아져버린 만년필萬年筆에
귀한 잉크를 가득 채우고
지극 정성 써 내린 나의 정성을
조심스레 되짚어보고 싶은 기대

기쁨을 긍정으로 새긴 글발
슬픔을 부정으로 다독인 글발
정성 담긴 그 때의 필체를 되찾으면
어쭙잖게나마 그 시절에 이르리라는 꿈

잉크병 라벨 한 모서리
Blue-Black※이라 쓰인 의미 되짚으며
한 획 한 획 엮어낸 그 날의 자신을
또 다시 그려보고 싶은 아련한 그리움

어느 뉘 알아줄까마는

추억의 기적소리 이명耳鳴으로 다가오듯이
가고 없는 너와

남아있는 나 사이의 괴리
좁힐 수 있으리라는 작고도 큰 기대로

이제는
다 잊으라는 충언을 손사래 치며
미련의 길 천천히 펼치고 있는
마음 다독인 한 폭의 소회所懷

※ Blue-Black : '진한 남빛'이라는 의미를 넘어, '쓸 때는 푸른빛이지만
시간이 지나면 검정빛'이 된다는 의미.

출발선에 세운 각오

빛 거둔 자리
잔혹하리만치 쓰린 아픔이
하루하루의 틈새마다 비집고 들어
한참씩 머물다 가곤 한다

봄의 온기 떨쳐버린 차가움
꽃샘추위의 허울을 뒤집어쓰고
꽃망울도 틔우지 못한
내 옷소매 파고듦이 너무도 차갑다

회광반조回光返照와 같은 빛으로
마지막 힘 소진하고 있는 안쓰러움들
한곳으로 불러 모아
다다를 목표는 다를지라도
같은 출발선에 서보자는 꼬드김

그 작은 앙탈조차 없이
그냥 자지러질 수야 없지 않은가

…… 이명耳鳴처럼 들려오는 승전보

오직 외길

간절한 소망
이루어지기를 바라는 가정법 문장

입에 붙은 말버르장머리로
'용서해주신다면'을 앞세운 채
뿌리 깊은 제 과오 주워섬겼지

깊이 부복한 자세를 갖추어
순서 바로잡은 성문成文의 기도
굽어 살피시어
이번만은 꼭 들어주시옵소서

〈인디언 기우제〉*의 굳은 각오로
짙은 기도를 올리고 있는 하루하루

※ 인디언 기우제 : 비가 내릴 때까지 올리는 기도로 꼭 이루어짐을
　　　　　　　　비유함.

치유의 방편

냉기에 떨고 있는 햇볕으로는
짙은 어둠을 물리치기에 역부족하여
고개 숙인 주눅으로
지난날의 찬연함만 되 그리고 있는데

우쭐우쭐 자라나는 제반 성장은
더욱 초라해진 남루의 빗장을 벗기며
종자로 비장해둔 자존마저 내놓으라고
윽박지르고 있는 생의 해거름

저만큼 숨겨둔 채
다급하면 손 내밀던 든든한 후원자마저
더 큰 얼 골병으로
이렇게 쌕쌕 앓고 있으리라는 것
꿈엔들 어림짐작이나 했을까

일제 합병의 굴레를 어렵게 벗은
광복의 기쁨이 낯설게만 여겨지던 시절
하루거리에 멱살 잡힌 채
심신 짓바수던 그때의 그 아픔처럼

짙은 나락의 진통을 떠올리면서도

그가 먼저 좋아져야
제 아픔도 씻긴다는 마음 속 감춘 채
자성예언으로 달관이라도 한 것처럼
조곤조곤 던져주는 위로의 변

부딪친 온갖 시련 닦아낼 수 있는
치유의 방편이기를 비는
착한 마음
그 어디에 뒤질까마는…

기 살리기

5와 4.5
0.5의 차이밖에 되지 않지만
5의 군림과 4.5의 굴종은
이루 말로 표현할 수가 없었지

참음의 한계점에 이른 4.5
더는 참을 수 없다는 각오로
꼬빡 밤을 새우며 용단을 냈지
운명처럼 안고 살아야만 하는 줄 알았던
4.5의 4와 5사이에 놓인 점(.)을 빼고 만 것

다음날 아침, 둘의 맞닥뜨린 상황
5 : "너 밤새 뭘 잘못 처먹었냐?"
4.5 : "아니, 〈4〉와 〈5〉 사이의 점을 빼서
　　　이제 내가 너보다 9배로 강해졌으니
　　　내가 너를 좀 부려야겠다."

오늘, 꽤 이름난 피부과를 찾아서
쌓은 연륜의 상징이기라도 한 양
얼굴 전면에 피어있는 점 꽃을 몽땅 뺐다

어느 뉘 알아줄까마는
기죽어 살던 자신의 위상을
불끈 들어 올리고 싶은 심정으로…

담쟁이덩굴의 꿈

나감도 들어옴도
똑 부러지게 막아선 체념의 벽

너에게는
이보다 더 좋은 삶의 텃밭 어디 있으랴
여린 더듬이 손으로 찰싹 달라붙어
싱그러운 생명을 구가謳歌하는 복된 터전

속 키운 불문율 하나 지켜 사나니
곱게 치장한 반들거리는 벽 접어두고
헐벗고 굶주린 껄끄러운 벽을 골라
감싸고 다독여주고 싶은 일념으로
꿈꾸는 희망을 짙푸르게 엮어나가는 일

멈추기를 명하는 계절이 속 읽히면
잎 지운 형체로 점한 영역을 표하다가
새봄의 따뜻한 숨결이 다시 저를 부르면
까만 실핏줄에까지 물과 영양을 실어 날라
새 출발을 다시 이어나가는 담쟁이덩굴

끝내 그 절벽을 거뜬히 점령하고도
그 너머를 향해 줄달음을 이어가는
오직 희망을 엮어나가는 삶의 본보기를
온몸으로 내보이는 끈질김의 상징
행동거지가 분명한 담쟁이덩굴의 저 굳센 꿈

극복의 길

절벽을 뛰어내리는 물길이어야
폭포가 될 수 있다는 것을
구름을 만난 저녁녘 햇살이어야
붉은 노을이 된다는 것을 어찌 모르리라고

잉걸불처럼 피어나는 불안을 잠재우기 위해
앞을 가로막는 장대비
좍좍 쏟아지기를 남 몰래 빌며
액셀레터를 깊게 밟는 가슴 뛰는 설렘

한바탕 울어버린 뒤의 후련함처럼
구름 한 점 없이 맑게 갠 해거름
눈시울을 찍어내며 그냥 빗물이라고
아무도 묻지 않은 대답을 되뇌는 자위

한 촉의 빛도 발하지 못하는 자신을
감사와 사랑의 깊은 뿌리로
통째 믿고 사는 이들을 위하여
불굴의 의지를 굳히고 있는 이 용단에
큰 힘 실어주시기를…

파종播種

한 방울 물의 맑은 빛으로
투명해지는 뇌리
작은 풀벌레 울음 한 자락으로
떠오르는 기억

작은 소재 하나하나 부여잡고
알뜰살뜰 가꾸어 얻은
제 삶의 씨앗 한 톨

비옥한 당신의 마음 복판에
정성 버무리어 파종播種하오니
좋은 점만 꽃 피운 보람으로
더 실한 열매 맺으소서

임의 꿈 이룬 멋진 쾌재에
제 꿈 덩달아 이룬 기쁨
아무도 몰래
잘 어울리는 추임새 보태드리리다

순리가 안긴 안도安堵

2층 서재書齋의 밝은 창가에
날씨를 읽어주는 대독자代讀者처럼
긴 세월 터 잡아 살아오고 있는
싱그러운 서황금과 군자란

밤새 안녕이라는 인사말의 의미를
방증이라도 하는 양
제일 아래쪽 시든 줄기와 이파리로
근 30년 동안 함께 살아온
제 나이들을 노랗게 읽어주었다

당연히 그래야 하는 것처럼
아무렇지 않게 시듦을 말끔히 잘라내며
'얼마나 다행인가?
오래된 줄기와 이파리이기 망정이지
젊은 쪽이나 새 순 쪽이면 어쩔 뻔 했어!'

제 나이를 망각한 채
온전히 남의 편이 된 자신
대자연의 순리에 고개를 끄덕이며
깊은 안도安堵를 내쉬고 있었다

제5장

願

내일은
있다

새로운 기대

그물코를 본다
엮이고 엮인 매듭 하나하나
절대 풀리지 않는 시간과 공간의 맺힘

순리에 따르지 않는 과욕은
말할 것 없거니와
허투루 관리한 심신은
어느 하나 놓침이 없는 제어

끈끈이주걱 같은 끈적임만
갖추고 있는 것이 아니라
예리하게 세운 날까지 갖추고 있어
유연과 강직 가리는 일이 없다

저 벼리를 관장하는 근본을
좌우지할 위력을 갖추지 못할 바엔
잔잔한 바람결 같은 비굴이거나
아예 능청스런 아첨이어야 함을
어찌 모르랴만

즐비한 포기抛棄를 딛고 올라서서
보란 듯이 시공의 그물망을 뛰어넘을
궁리를 하고 있는 이 용감무쌍에
남은 힘 보태어주기를
간절히 바라고 있다

하여튼 그랬다

밑 터진 바지가
어렴풋이 부끄럽기 시작할 무렵

좀 더 구체적으로 말하면
'나라'는 말을 처음으로 듣고
추상명사의 난해가
눈을 감기고 귀를 막을 무렵

'못 쓰겠으면 끈 달아서 써라'라는
밑도 끝도 없는 의미 모를 말을
내 것으로 굳힌 채 살아온 지
어언 80여년

이제는 끈 달을 자리조차
마땅치 않은 반려자를 부축하고
이 지역의 내로라하는 병원의
신경과 재활의학과를 찾아들어

아직은
그대로 써도 되겠다는 선고

바들바들 떠는 마음으로
고이 받아들이는 축복을 안았으니

이보다
더 크게 행복한 자
이 세상에는 없으리라는 믿음에
목청껏 만세를 부르고 싶었다

밤의 예찬

본초자오선本初子午線만이 능사이리라고
어찌 보면
일부변경선日附變更線이 더 큰 의미가 있지

모든 삶의 애환을 칠흑의 늪에 묻고
새로움을 잉태하는 밤

흠뻑 안는 기쁨을
갈무리해야 하는 아쉬움은 있지만
견디어내기 힘든 아픔을
망각의 늪에 잠재울 수 있는 방편

그에 그친다면 어느 누가
밤을 예찬하리라고

이루어질 가능성을 굳게 믿고
밝은 꿈을 마음껏 그려가며
설렘으로 뒤척일 수 있는 자유
밤이 아니고서야 가당키나 한 일이던가

하루하루 이어지는 나날의
알파요 오메가인 밤이여
영원무궁 높이 우러름 받으시기를…

폐閉 그리고 폐廢

눈을 감자
추위에 아랑곳없이 노출을 뽐내는
아가씨들의 아랫도리 옷차림
'똥꼬빌라'의 단계를 넘은 하의상실下衣喪失

귀를 닫자
'썜' 정도는 그래도 넘겨들을 수 있었지만
서로를 '듣보잡'이라 몰아붙이는 말씨
어찌 귀 문 열고 살 수 있으랴

문득 떠오른 생각 하나
펄펄 첫눈으로 내리는 눈발
'흰 눈'이라 부를 것 없이
'눈'이라 불러야 하지 않을까 하는 발상

이 나이 들도록
늘 반가운 마음으로 무심히 받아들인 눈
언제 '흰빛' 아닌 적 있었으며
앞으로 다른 빛깔로 바뀔 가능성도 없으니
이것 하나라도 〈폐廢〉하고 살려 하네

어림짐작

오면 왜 오는지
가면 왜 가는지
알 길 없는 새벽 세 시의 바람처럼
제 마음 종잡을 수 없다하겠지만

그 어찌
어레미로 가리는 선택처럼
위쪽의 굵음이 필요한 때도 있고
아래쪽의 가늚이 필요할 때도 있어서만
그러는 것이리까

시혜施惠와 수혜受惠의 위치를
온전히 바꾸어서라도
저 끝 날을 가지런히 맞추고 싶은 일념
날로 굳히다 보니
그렇게 바뀐 것이라 어림짐작하고

알고도 모른 척 그냥 넘겨주시기를…

문득

초가지붕 위의 박꽃이
유난히 하얗게 보이던
달 밝은 밤이 그리울 때에는
나의 모습을 그려보고 싶다고 했었지

마당 귀퉁이
외줄기 빨랫줄 위 나란히 앉은
제비 떼들의 지저귐 들려올 때에는
나의 이름을 불러보고 싶다고 했었지

맑은 물 느리게 흐르는 샛강
까만 다슬기 잡으러 가서
다슬기 대신 나눈 대화 떠오를 때에는
나의 음성을 들어보고 싶다고 했었지

뒷동산 등 굽은 소나무
튼실하게 매어있는 그네를 타고
하늘 박차고 오른 즐거움 떠오를 때에는
나의 힘찬 응원 되받아보고 싶다고 했었지

긴 긴 세월 지난 지금 이 순간
… 싶다고 했던 네 마음 다 접어두고
인생살이 굽이굽이 아로새긴 모습일지라도
한번만 다시 볼 수 있으면 참 좋겠다

홀로 가야할 길

외로이 가야할 길
두렵다가도

언제든지 되돌아볼 수 있는
든든한 언덕 하나
한자리에 붙박은 채
뜨겁게 지켜보고 있을 눈길 있음에

남기고 갈 지난날의 추억과
어렴풋한 미지에의 설렘 사이를
아무렇지 않은 듯 바장이는 자세로
조심조심 떼어나가는 발걸음

용케도
밝음을 골라 디디는 것이 아니라
디디는 자리마다
밝은 빛 고인다는 굳센 믿음으로

갈 길
누구나 제 홀로 가야할 길

문빗장을 벗기는 연습을
아무도 몰래 이어가고 있다

묘수妙手 찾기

해갈 비에 촉촉이 젖어
발아와 착근과 성장과 결실을 꿈꾸는
모성이 차고 넘치는 위대한 대지

꿈을 이루기 위한 속다짐 속
'반려를 아끼는 가운데'라는
겉 드러내지 않은 전제조건까지 성취하며
대지의 한 축이 되는 역할을 했더라면
오죽 좋았으랴만…

곱게 아퀴 지은 아틈나움 위에
그러하지 못함이 드리운 그림자로
얼룩그림이 되어버린 짠한 마음

어찌하면
주와 부의 목표를 충족시킬 수 있을까
몰래몰래
근원적 해결방법을 모색하고 있으니
경천동지驚天動地할 지혜를 주소서

점등點燈

길게 쌓은 삶의 역사를 헤집어
어르면 어를수록 달래면 달랠수록
더욱 짙은 향기를 풍겨낼 기억들을
바탕에 깔고

눈 맞추어 내 것 삼은 부러움
귀 담아 고이 들어앉힌 신비로움
알게 모르게 몸 적신 미덕에 이르기까지
고이 싹 틔워 길러낸 새로운 빛

조목조목 시문詩文으로 아로새겨

좋아하는 이
사랑하는 이
이어받을 이
한 아름씩 안기고 있는 이 행보
기쁨과 감사가 차고 넘치는
내일을 환히 밝힐 점등點燈 아니랴

존재存在

점
펼침을 향한 연역演繹의 증표

점
흩음을 그러모은 귀납歸納의 증표

그저 하나로 뭉뚱그려 있을 뿐
제 나름의 주장을 향한 질긴 속 겨룸으로
아무도 모를
뜨거운 열기를 뿜어내고 있다

새로움을 향한 출발점
모든 과정 마치고 돌아온 종착점
본래 시작과 끝
끝과 시작은 하나인 것

나 지금 여기
아무도 읽어내지 못할 하나의 점으로
시종始終이 일관一貫되기를 빌고 있는
가장 작고도 가장 큰 존재

껄끄러운 혼솔 다듬어

우리 대 우리로서의 참한 겨룸에서
상대를 이기기만 하면
온전한 승자가 되는 줄 알았지

우리를 이루는 너와 나
어느 한 쪽으로 기울어진 불균형으로는
승자의 기쁨을 누릴 수 없다는 것을
깨닫지 못하고 살아온 몽매함

홍몽鴻濛에서 깨어나 오늘에 이르기까지
어느 한 순간도 멈추는 일 없이
부단히 출렁이는 바다
먼저 수평을 이루기 위한 몸부림인 것을

나 이제
바깥 겨룸 같은 것 다 내려놓고
균형 잡힌 우리를 빚어 얻은 기쁨의 빛
윤슬인 양 흩뿌리며 한세상 살려하네

※ 혼솔 : 홈질한 옷의 솔기

난제難題 풀이

삶의 보람을 엮어나가는 일

제 나름의 비법이 있다지만
어려운 문제임은 분명한 것

자신이 조금은 나을 것이라는
되지도 않는 오만불손으로
윗자리 차지하려 덤비지 말라

파란만장한 인생행로에서
부단히 갈마드는
희喜, 노怒, 애哀, 락樂. 애愛, 오惡, 욕欲
객관적 척도가 따로 정해져있지 않은 것

언제 어디서고
먼저 상대를 인정하고 높여주며
아랫자리 끝자리를 먼저 내 몫 내려는
겸손한 마음자세를 견지하다보면
어려운 문제 쉬 푸는 방법 터득할지니…

웅비의 선봉이 되자

수년 전
전주문인협회 문사들이
전라남도 순천만의 국가정원을 찾아가
순천문인협회 회원들과 교분을 나눈 적 있었지

그곳 입담 좋은 문인 한 분
순천(順天)은
'위로 하늘의 뜻에 따르고
아래로 인심에 응하라.'는
"혁명순천응인(革命順天應人)"에서 유래되었다고
한바탕 으스대더니

오늘 전주의 귀한 문인들을 만나 뵈오니
그동안 '전주에 올라가면 위험'하다고
조심할 일 전혀 없게 되었으니
이제는 '전주에 자주 올라가겠다.'고
너스레를 펼쳤다

전주(田主), 전주(典主), 전주(前主), 전주(前奏),
전주(前週), 전주(專主), 전주(電柱), 전주(電鑄),

전주(銓注), 전주(箋註), 전주(篆籒), 전주(錢主),
전주(轉注) 등등
전주(全州)와의 동음이의어(同音異議語)
허다한 줄 어찌 모르랴만

새삼
오늘의 전북, 광주, 전남, 제주를 관장하던
그 이름 전라도(全羅道) 명칭의 첫머리
온전할 전(全)자요
바로 그런 고을로서의 전주(全州)일지니

전주의 문인들이여
후백제의 수도요 조선의 발상지인
천년왕도 전주(全州)를 더욱 빛내어
세계만방에 '한바탕의 뿌리'임을 알리는
역군으로서의 역할을 다해보자꾸나

〈참고사항〉

전주(田主) : 논밭의 임자.
전주(典主) : 전당을 잡은 사람.
전주(前主) : 이전의 군주, 이전의 주인.
전주(前奏) : 성악이나 기악 독주의 반주에서 그 첫머리에 도입하여
　　　　　　 연주하는 부분.
　　　　　　 오페라 따위에서 막을 열기 전에 하는 연주.
전주(前週) : 지난 주.
전주(專主) : 혼자서 일을 주관함.
전주(電柱) : 전선을 늘여 매기 위하여 세운 기둥. 전신주. 전봇대.
전주(電鑄) : '전기 주조'의 준말.
전주(銓注) : 인물을 심사하여 적당한 벼슬자리에 배정함.
전주(箋註) : 본문의 뜻을 설명한 주해.
전주(篆籀) : 대전(大篆) - 한자 서체의 하나.
전주(錢主) : 사업에 돈을 댄 사람. 빚을 준 사람.
전주(轉注) : 한자 육서의 하나.

무언의 기도

몽환처럼 나타났다 사라지는
화려함이 드리운 어두운 그림자쯤
모르쇠로 무시한 채
마음 가벼이 살아온 세월

투사한 거울 속 동일한 물상
그 뿌리를 응시하는 눈빛으로
지난 족적을 되짚어보는
오늘에야

얕게 때로는 깊게 보여준
작고 큰 일거수일투족이
너를 길러낸 자양분이었다는 사실에
움찔 놀라는 마음 감출 길 없다

밀물이 주체인지 썰물이 주체인지
어느 쪽에도 편들지 못하는
희비 뒤섞인 엉거주춤한 표정으로
무언의 기도를 올릴 뿐

무슨 언사로
호사다마의 빌미를 던질 수 있으랴

밝히 떠오르는
태양이
오늘따라 더욱 눈부실 뿐이다

내일은 있다

살아본 시간과 공간은
가늘건 굵건 희미하건 진하건
겪은 궤적을 떠올릴 수 있지만

눈 비비면 보일 것 같은
손 뻗으면 닿을 것 같은 내일은
붙잡았다싶으면 벌써 오늘로 바뀌고 마는
어느 누구도 자기 것 낼 수 없는 미지

그러기에
어제의 아쉬움을 비운 자리에
꿈 희망 소원 기대 온갖 바람을
마음껏 채워나가며 살아갈 수 있는 것

빛이 밝으면 그에 따른 그림자도 짙듯
긍정의 영역과 부정의 영역 그 크기는
언제나 정비례하는 것일지니
절대로 그 철리哲理 놓치는 일 없이

이름이 있음에 분명 내일은 있다는

굳센 믿음으로
어제보다 더 나은 오늘을 빚듯
내일을 밝히 엮어나가기 위하여
온 정성 쏟아 부을 일이다

늦깎이 다짐

해거름 노을 무르녹을 때
피어나는 저녁연기의 아름다움이듯
황혼기에 접어든 우리 인생
곱게 숙성되었을 때 더욱 아름다우리

험한 고비 넘고 넘으며
온 심신으로 익힌 몸 밴 경륜
어려운 상대를 일으키는 방편 삼을 때
기쁨은 배가 되는 것

시혜施惠는 말끔히 잊고
수혜受惠는 고스란히 품고 사는 마음
어둠 밝히는 빛이 되고
부패를 막아내는 소금 되리니

한 세상 살아온 보람으로
굳어지는 그 열매 얻을 때까지
어느 한 순간 놓치는 일 없이
잇고 또 이어나가리라

덧붙이는
글

덧붙이는 글

저의 일기와 시, 시와 일기는 불가분의 관계가 있다.

지난 2024년 3월 12일에 쓴 저의 시 한 편을 소개하면

거꾸로 드리는 당부

사위(四圍)의 깊은 정적을 비집고
홀로 쪼그리고 앉아
막 떠나보낸 날을 내 몫 내는
질긴 고행을 잇고 있다

자신을 쉬 다독이는 말로
하루의 생활 중 붙박아 둘 사실이나
바람결에 들려오는 송광사 범종소리처럼
순간에 겪은 느낌이나 뇌리에 떠오른 생각을
옮겨 적는 것이라 말하기도 하고

그럴싸하게 뽐내고 싶을 때에는
깊은 기도를 올리는 마음 복판에
하나님이 일러주시는 응답의 말씀을
받아 적은 것이라 으스대기도 하지

무슨 일이든
자기 것으로 온전히 들어앉히려면
보드라운 손바닥에 굳은살 박이듯
참고 또 참는 인내가 필요한 것

한 층 한 층 쌓아올린 탑
거기에 이르는 과정이 어렵듯이
그 탑을 허무는 일은
더더욱 어려운 일이라서
외로운 탑돌이를 잇고 있는 것일지니

담긴 내용이 이랬으면 좋겠다느니
담은 그릇이 저랬으면 좋겠다느니
이러쿵저러쿵 좋은 충고를 한다고 해도
그저 스쳐지나가는 바람소리인 듯
가벼이 받아들임을 용서하여 주시기를…

이제는
더욱 강하게 박차를 가할 수도 없고
뚝 멈출 수는 도저히 할 수 없는 일
그냥 이렇게 살아가도록 놓아두시는 것이
진정 저를 아끼는 일이니까요

이렇듯 하루의 일과 중 어떤 느낌을 시의 형태에 담는 시 쓰기를 이어오고 있음을 이해해 달라는 당부인 것이다.

그럼 이런 일기쓰기는 언제부터였을까?
우연치 않게 제 걸어온 길을 되짚어볼 기회를 갖게 되었으니, 2023년 10월말 경 전라북도교육청에서 새로 만드는 「교육박물관」의 영상자료 제작 대상자의 한 사람으로 선정되어, 대화내용을 녹취하고 자료를 촬영하는 중에 바로 제 일기가 큰 증거자료가 된 것이었다.

첫째로, 제가 일기를 쓰게 된 동기와 담는 형태의 변화에 대하여 말씀드리면,
　▲ 중학교 3학년 말 (1953년 초)에 백범 김구 선생이 쓴 『백범일지』를 읽게 되었는데 그 서문에 '나의 삶을 아들 〈인〉과 〈신〉에게 전하고 싶어 이 일지를 작성한다.'는 내용에 깊은 감동을 받아 나도 이제부터 일기를 쓰겠다는 각오를 다지고 그 때부터 일기를 쓰기 시작하였음.

▲ 오늘날처럼 체계적으로 일기를 쓸 수 있는 일기장이 나오지 않은 때라서 양면궤지 묶음이나 노트에 쓰기 시작했으며, 그 뒤 책 모양으로 나온 일기장을 사용하였으며, 컴퓨터가 보급된 뒤로는 이를 이용하여 쉽게 작성하고 A4용지에 Print하게 되었음.

▲ 일기를 담는 글의 형식은 산문으로 쓰기, 산문에 시조나 시 섞어 쓰기, 아예 시로 쓰기에 이르게 되었음.

▲ 그 담는 내용도 생활일기, 주제별 일기, 하루하루 시 한 편 쓰기에 이르렀음.

둘째로, 일기를 써서 보관해오고 있는 내용을 말씀드리면,

▲ 1953. 1. 1 ~ 1961. 3. 31 : 중학교, 고등학교, 대학시절
  1961. 4. 26 ~ 2002. 2. 28 : 교직 생활
    ο 41년의 재직 기간 동안 : 업무일지와 생활일기
    ο 그중 3년간의 군(KATUSA) 생활 중 : 간단한 기록
  1953. 1. 1 ~ 1977. 12. 31 : 산문으로 생활일기 쓰기
  1978. 1. 1 ~ 1995. 12. 31 : 산문과 운문 섞어서 일기 쓰기

▲ 1996년 1월 1일부터 ~ 현재 : 온전히 시로 일기 쓰기
2023년 12월말 현재 : 만 28년간 이어오고 있음.
거기에서 고른 작품으로 시집 출간(2023. 10. 30 현재) : 33권

끝으로, 제 건강이 허락하는 한 시로 쓰는 일기는 이어질 것이고 거기에 담긴 내용을 골라 시집을 출간할 계획이오니 든든한 후원자가 되어주시기를 간곡히 부탁드리는 바입니다.

일제 강점기 및 6·25 전란기
전북교육사
구술채록 및 영상제작
2023. 12

책자 크기 : 국배판 (A4용지 크기 총 321페이지)

ㅇ 본인에 관련된 글 : 159p ~ 216p
　　　　　　 면담기록 : 정종숙 방송작가
　　　　　　 영상기록 : 박상호, 한 철
　　　　　　 사진기록 : 안봉주
1. 김계식 소개 : 사진, 약력
2. 면담 일지
3. 질문지
4. 구술 녹취록
　　 ※ 문서 정보
　　　 글자 (공백 포함) : 75,906자
　　　 글자 (공백 제외) : 58,100자
　　　 낱말 : 17,660개
　　　 원고지 (200자 기준) : 406장

영상 제작 일정 및 내용

▲ 2023. 10. 24 : 약 2시간
　· 한국방송작가협회 : 정종숙 작가
　· JB영상문화연구원 : 안봉주 원장, 박상호 제작실장
　· 관련내용 문답 및 관련자료 사진 촬영
　 관련내용 : 해방 전후의 학교 교육현황
　　　　　　 6·25 한국동란 당시의 상황 및 체험담

중학교 입시제도
　　　고교 교육과정 : 인문학교와 실업학교
▲ 2023. 11. 1 : 약 6시간
・ 정종숙 작가, 안봉주 원장, 박상호 실장, 한 철 이사,
　촬영기사 1명 - 총 5명
・ 영상제작을 위한 면담 및 촬영
▲ 2023. 11. 7 : 오전 약 2시간
・ 정읍소성초등학교 방문
　안봉주, 박상호 외 문진우 사진기사
　학교 현황 청취 : 김영주 교장
　현장을 중심으로
　- 1946년 ~ 1952년도 말까지의 초등학교 시절을 회상
　　하는 동영상 제작

USB 제작 (영상자료)

▲ 김계식 선생님 구술 기록본 (대담, 제반자료 설명)
・ 9837.811 KB
・ 재생 시간 : 3시간
▲ 김계식 선생님 축약본 (현장촬영, 과거 회상내용)
・ 952.180 KB
・ 재생 시간 : 약 10분

담쟁이
덩굴의
꿈

김계식 시집 34

초판 인쇄 2024년 3월 25일
초판 발행 2024년 3월 29일

지은이 김계식
발행인 서정환
펴낸곳 인간과문학사
주　소 서울시 종로구 삼일대로 30길 21 종로오피스텔 809호
전　화 (02) 3675-3885, (063) 275-4000
팩　스 (063) 274-3131
이메일 sina321@hanmail.net
출판등록 제300-2013-10호
인쇄 · 제본 신아출판사

ISBN 979-11-6084-232-6 (03810)

값 13,000원

* 잘못된 책은 바꿔 드립니다.